CATALOGUE

D'ESTAMPES & DESSINS

ANCIENS & MODERNES

RENOU ET MAULDE
Imprimeurs de la C⁰ⁱᵉ des Com.-Priseurs,
Rue de Rivoli, 144.

CATALOGUE

DE LA

BELLE COLLECTION

D'ESTAMPES

ET DE

DESSINS

ANCIENS ET MODERNES

Des diverses Écoles Allemande, Française, Hollandaise et Italienne

ET DE

QUELQUES TABLEAUX & OBJETS D'ART

Provenant du Cabinet de M. VAN OS, ancien Peintre de Fleurs

DONT LA VENTE AUX ENCHÈRES PUBLIQUES AURA LIEU

PAR SUITE DE SON DÉCÈS

HOTEL DES COMMISSAIRES - PRISEURS

Rue Drouot, n° 5

SALLE N° 3, AU 1ᵉʳ ÉTAGE

Le Lundi 2 Décembre 1861 et jours suivants

A UNE HEURE,

Par le ministère de Mᵉ **DELBERGUE-CORMONT**, Cʳᵉ-Priseur,
rue de Provence, 8,

Assisté de **M. CLEMENT**, Mᵈ d'Estampes de la Bibliothèque Impériale,
rue des Saints-Pères, 3,

Et de M. **DHIOS**, Expert, pour les Tableaux et Objets d'Art,
rue Le Peletier, 33,

Chez lesquels se distribue le présent Catalogue.

EXPOSITION PUBLIQUE

Le Dimanche 1ᵉʳ Décembre 1861, de 1 heure à 4 heures.

PARIS

RENOU & MAULDE

IMPRIMEURS DE LA COMPAGNIE DES COMMISSAIRES-PRISEURS
Rue de Rivoli, 144

1861

ORDRE DES VACATIONS

1re VACATION, LUNDI 2 DÉCEMBRE.... No   1 à 140.
                                       310 à 340.

2e VACATION, MARDI 3 DÉCEMBRE.... No 141 à 268.
                                     341 à 395.

3e VACATION, MERCREDI 4 DÉCEMBRE. No 269 à 309.
                                     396 à 522.

4e VACATION, JEUDI 5 DÉCEMBRE.....   Dessins.

                                 No   1 à 102.
                 Tableaux et Objets d'Art.

CONDITIONS DE LA VENTE

Elle aura lieu au comptant.

Les acquéreurs paieront cinq centimes par franc en sus du prix des adjudications.

Les attributions de M. Van Os, pour les Dessins, ont été conservées.

DÉSIGNATION

DES ESTAMPES

AKEN (Jean Van).

1 — Le bouquet d'arbres au haut de la colline (B. 10)
et le troupeau, par Van Noordt.

Deux pièces.

ALDEGRAVER (Henri).

2 — Rhéa Sylvia (B. 66).

3 — Le père Sevère (B. 73).

Belle épreuve.

4 — Hercule et Anthée (B. 96).

Belle épreuve.

5 — Pyrame et Thisbé (B. 102).

Magnifique épreuve, rognée de 5 lignes sur la hauteur.

6 — L'enseigne (B. 177).

7 — Le moine et la religieuse (B. 178).

Pièce libre. Rare.

8 — Rinceau d'ornements, où l'on voit une femelle de
Centaure, qui porte un enfant (B. 202).

Très-belle épreuve.

9 — Dessin grotesque au milieu duquel se voit un masca-
ron (B. 273).

Pièce curieuse.

ALMELOVEN (Jean).

10 — Paysages (B. 27 et 31).

Belles épreuves.

ALTDORFER (Albert).

11 — Repos en Égypte (B. 5).

Très-belle épreuve.

12 — Le Jugement de Paris (B. 36).

Très-belle épreuve. (Collection H. de Lasalle.)

13 — Mutius Scévola (B. 40).

Superbe épreuve.

14 — Saint-Jérôme dans sa caverne (B. 57)

Pièce gravée sur bois.

15 — Samson et Dalila.

Pièce gravée sur bois, inconnue à Bartsch.

BAKHUIZEN (Ludolphe).

16 — La mer bordée dans le lointain par la vue de la ville
d'Amsterdam (B. 3).

Superbe épreuve.

17 — Vue d'une partie de port de mer (B 9).

Belle épreuve.

18 — Paysage avec figures (B. 12).

Pièce très-rare.

BARBARY (Jacques de), dit le Maitre au Caducée.

19 — Judith (B. 1).

Magnifique épreuve.

20 — Le Soleil et la Lune (B. 16).

Très-belle épreuve. (Collection Martelli.)

21 — Trois hommes nus attachés à un arbre (B. 17).

Très-belle épreuve.

22 — Sacrifice de Priape (B. 19).

Très-belle épreuve d'une pièce rare.

23 — Mars et Vénus (B. 20).

Superbe épreuve d'une estampe extrêmement rare.

BARBIERI (Francesco) dit le Guerchin.

24 — Saint Antoine de Padoue (B. 1), et la Sainte Vierge et
la Madeleine, par C. Maratte (B. 6).

Deux pièces

BAROCHE (Frédéric).

25 — La Sainte Vierge assise sur un nuage (B. 2).
Superbe épreuve.

BEGA (Corneille).

26 — Le Paysan allumant sa pipe (B. 20) ét la mère et son mari (B. 30).
Deux pièces. Belles épreuves.

27 — Les caresses mal reçues (B. 24), la Danse (B. 26) et le chanteur (B. 27).
Trois pièces. Belles épreuves.

28 — La Vieïlle aubergiste (B. 32).
Très-belle épreuve, avec l'adresse de Covens et Mortier.

BEHAM (Barthélemy).

29 — Judith (B. 4).
Superbe épreuve.

30 — La Femme baignant ses pieds (B. 36).
Pièce ibre.

BEHAM (Hans-Sébald).

31 — Adam et Ève assis, 1519 (B. 1 et 2).
Très-belles épreuves.

32 — Adam et Ève debout (B. 3 et 4).
Superbes épreuves.

33 — Moïse et Aaron (B. 8).
Très-belle épreuve. (Collection d'Arozarena.)

34 — Judith (B. 11).

Très-belle épreuve.

35 — Job s'entretenant avec ses amis (B. 16).

Très-belle épreuve.

36 — La Vierge au perroquet (B. 19).

Très-belle épreuve.

37 — Trajan (B. 82).

Très-belle épreuve.

38 — Vénus et l'Amour (B. 91), Nessus et Déjanire (B. 108), et l'Amour en postillon, par B. Beham.

Trois pièces.

39 — Combat entre des Centaures (B. 94), Hercule défait les Centaures (B. 96) et les soldats et leurs maîtresses.

Trois pièces. Belles épreuves.

40 — Léda (B. 112).

Très-belle épreuve d'une charmante pièce.

41 — La Bonne fortune (B. 140).

Belle épreuve.

42 — Le Baiser (B. 209).

Pièce gravée à l'eau-forte. Très-belle épreuve.

BELLI (Jean).

43 — Les Amours de Jupiter et Junon.

Pièce gravée à l'eau-forte, d'après Ann. Carrache. Très-belle épreuve.

BERGHEM (Nicolas).

44 — La Vache qui s'abreuve (B. 1).

Belle épreuve, avec l'adresse de Schenck. Encadrée.

45 — La Vache qui pisse (B. 2).

Ancienne épreuve.

46 — Le Joueur de cornemuse. Pièce connue sous le nom du Diamant (B. 4).

Ce morceau est un des plus beaux du maître. Très-belle épreuve provenant de la collection d'Arozarena.

47 — L'Homme monté sur l'âne (B. 5).

Magnifique épreuve avant la totalité des travaux dans le ciel. État inconnu à Bartsch. De la plus grande rareté.

48 — Le Pâtre jouant du flageolet (B. 6).

Très-belle épreuve.

49 — Le Berger assis sur la fontaine (B. 8).

Belle épreuve.

50 — Le Ruisseau traversé (B. 12).

Ancienne épreuve tirée sur papier à la folie.

51 — Halte près du cabaret (B. 11).

Belle épreuve.

52 — Sujets d'animaux en largeur (B. 13 à 16).

Quatre pièces. Très-belles épreuves.

53 — Les mêmes Estampes.

Belles épreuves.

54 — Vache marchant vers la droite (B. 24).

Belle épreuve.

55 — Trois chiens de chasse (B. 56).

Superbe épreuve du premier état avant le numéro.

56 — Différents moutons et chèvres, avec le titre du cahier à l'homme.

Sept pièces. Anciennes épreuves.

BISSCHOP (Jean de) dit Episcopus.

57 — Trois Moines assemblés et un Sujet de chasse, gravé par Paneels, d'après Rubens.

BINCK (Jacques).

58 — Bethsabée au bain (B. 6).

Belle épreuve d'une pièce rare.

59 — La Mort terrassant le Soldat (B. 52). Sara présentant Agar à Abraham, par G. Pentcz (1.)

Deux pièces.

60 — Portrait de Jacques Binck (B. 95).

Très-belle épreuve. (Collection d'Arozarena.)

BISCAINO (Barthélemy

61 — Le petit Sauveur (B. 14).

Planche de forme ovale. Rare.

62 — La Sainte Famille (B. 21)

Très-belle épreuve.

63

63 — Saint Antoine et Saint Paul (B. 37) et la Vierge aux Anges, par un anonyme, d'ap. Le Parmesan.

Deux pièces. Belles épreuves.

BOL (Ferdinand).

64 — La Femme à la poire (B. 14, Cl. 16).

Superbe épreuve.

BONASONE (Jules).

65 — Deux Satyres amenant Silène au roi Midas (B. 89).

Superbe épreuve.

66 — Quatre Nymphes assises avec deux Dieux marins autour d'un rocher (B. 173).

Superbe épreuve signée au verso P. Mariette, 1669.

BOTH (Jean).

67 — Les deux Mulets (B. 4).

Epreuve du premier état, avant le nom de Matham. Etat inconnu à Bartsch.

68 — Le Pont de pierre (B. 5).

Très-belle épreuve avant le nom du maître.

69 — Le Muletier (B. 6).

Belle épreuve avant le nom du maître.

70 — Les Pêcheurs (B. 9).

Belle épreuve avant le nom du maître.

71 — La même estampe.

Belle épreuve avec le nom du maître ; mais avant le numéro.

72 — Le Pont de bois (B. 10).
Superbe épreuve avant le nom du maître.

BOUCHER (François).

73 — Deux Amours tenant des oiseaux et Scènes cham-
pêtres, d'après Watteau.
Trois jolies pièces exécutées à l'eau-forte.

BOUT (Pierre).

74 — Le Traîneau (B. 3).
Très-belle épreuve.

BREENBERG (Bartholomée).

75 — Les Restes d'un palais à Tivoli (B. 16).
Superbe épreuve.

76 — Le Messager empressé (B. 22).

BRESSE (Jean-Antoine de).

77 — Hercule et Anthée (B, 13).

BYE (Marc de).

78 — Différents Moutons (B. 80, 82, 90, 93, 94), etc.
Sept pièces.

79 — Boucs (B. 4 et 5) et un Bœuf (B. 13), plus le Paysan
conduisant un cheval, par P. De Laer, et les deux
Bœufs, par Karel Dujardin.
Six pièces.

CABEL (Adrien van der)

80 — Le Mendiant (B. 28).

Deux épreuves dont une avant le numéro. Très-belles épreuves.

CALLOT (Jacques).

81 — Saint Jean dans l'île de Pathmos. (Catalogue de M. Meaume. 102.)

Très-belle épreuve.

82 — La petite Vue de Paris (M. 712).

Superbe épreuve du premier état, avant toute lettre. Rare. Elle a une belle marge.

83 — La même estampe.

Très-belle épreuve du deuxième état, avec la vue du Pont-Neuf dans le fond.

CAMPAGNOLA (Dominique).

84 — La Pentecôte (B. 3).

Pièce de forme ovale. Belle épreuve d'un morceau rare.

CANTARINI (Simon).

85 — Le grand Saint-Antoine de Padoue (B. 25), et le Repos en Égypte. Copie du n° 6 de l'œuvre.

CARAGLIO (Jacques).

86 — Les Amours de Bacchus et de Arianne (B. 14).

Pièce rare.

86 bis — L'École d'un ancien Philosophe (B. 57).

Très-belle épreuve.

CARPI (Hugo da).

87 — Présentation de la Vierge au temple, d'après J. Romain (B. 2).

Clair-obscur de deux planches. Encadrée.

CARPIONI (Jules).

88 — La Vierge lisant (B. 5).

Très-belle épreuve avant l'adresse de *Cadorin*.

89 — Saint Antoine de Padoue (B. 11).

Belle épreuve.

CARRACHE (Augustin).

90 — La Vierge protégeant deux confrères, d'après P. Véronèse (B. 105).

Bartsch dit que cette estampe est gravée avec beaucoup d'art.

91 — Loth commettant un inceste avec ses filles (B. 127).

Très-belle épreuve d'une pièce fort rare.

CARRACHE (Annibal).

92 — Le Christ de Caprarole (B. 4).

Très-belle épreuve, avant l'adresse de Van Aelst. (Collection de Férol.)

93 — La Vierge à l'Hirondelle (B. 8).

Très-belle épreuve. Elle est doublée.

94 — Les Trois Rois (B. 1).

Cette pièce est classée par Bartsch dans les pièces faussement attribuées à Annibal Carrache.

CASTIGLIONE (DIT LE BENEDETTE).

95 — Le jeune Pâtre à cheval (R. 18) et une eau-forte de Canaletti.

Deux pièces. Belles épreuves.

CRANACH (LUCAS).

96 — Les deux Ducs de Saxe (B. 2).

Pièce gravée sur cuivre. Très-rare.

97 — Le Jugement de Paris (B. 114).

Pièce gravée sur bois. Très-belle épreuve.

98 — Un Cavalier avec une Dame en croupe (B. 117).

Pièce gravée sur bois. Très-belle épreuve.

CREMONÈSE (JOSEPH CALETTI, DIT LE).

99 — Samson et Dalila (B. 4).

Très-belle épreuve.

100 — La Décollation de Saint Jean-Baptiste (B. 6).

Elle est doublée.

CUYP (ALBERT).

101 — Différents Bœufs et Vaches. Suite de six pièces, plus les Vaches gravées par Boresom (B. 2).

DASSONVILLE (J.).

102 — L'Homme à la Ratière (R. D. 11). La Cuisine flamande, par Du Vivier (R. D. 5), et les deux Femmes à la Chandelle, par Brebiette.

Trois pièces. Belles épreuves.

DEUTSCH (Nicolas)

103 — Costume de femme suisse du XVIᵉ siècle.

Pièce gravée sur bois, inconnue à Bartsch.

DIETRICH (Ch.-Gui.-Er.)

104 — Jésus guérissant les malades et la Prédication de Saint Jean.

Deux pièces du premier état avant les numéros. Très-belles épreuves.

105 — Paysages avec ruines et maisons.

Deux pièces. Belles épreuves.

DOW (Gérard).

106 — L'Eglise Protestante (B. 17, Cl. 22).

Très-belle épreuve avant les deux barres de fer qui soutiennent la chaire. (Collections Van Leyden et d'Arozarena.)

DUGUET (Guaspre) dit LE Guaspre Poussin.

107 — Site agreste (R. D. 2) et Sites des campagnes de Rome (R. D. 5 et 6), provenant de la vente H. de La Salle.

Trois pièces. Belles épreuves du premier état.

DURER (Albert).

108 — Adam et Ève (B. 1).

Superbe épreuve, imprimée sur papier *dit à la tête de bœuf*, d'une des pièces les plus capitales du maître.

109 — L'Enfant prodigue (B. 28).

Belle épreuve.

110 — La Vierge allaitant l'Enfant Jésus (B. 34), et la Vierge à la porte (B. 45).

Deux pièces. Elles sont doublées.

111 — La Vierge au Singe (B. 42), et Sainte Geneviève (B. 63).

Deux pièces.

112 — La Sainte Famille (B. 43).

Pièce gravée à l'eau-forte. Encadrée.

113 — Saint Hubert (B. 57).

Pièce capitale du maître. Encadrée.

114 — Saint Jérôme (B. 59).

Pièce gravée à l'eau-forte sur fer. Très-belle épreuve avec de la manière noire. Très-rare à trouver de cette qualité.

115 — La Sorcière (B. 67).

Très-belle épreuve provenant de la collection Saint-Aubin.

116 — La Famille du Satyre (B. 69).

Très-belle épreuve.

117 — L'Enlèvement d'Amymone (B. 71), et les Offres d'amour (B. 93).

Deux pièces.

118 — L'Effet de la Jalousie (B. 73).

119 — La Mélancolie (B. 74).

Superbe épreuve.

120 — L'Oisiveté (B. 76), et l'Oriental et sa femme (B. 85).

Deux pièces.

121 — Le Petit Courrier (B. 80), et la Dame à cheval (B. 82).

Deux pièces. Belles épreuves.

122 — Apollon et Diane (B. 68), et l'Hôtesse et le Cuisinier (B. 84).

123 — L'Hôtesse et le Cuisinier (B. 84), et l'Enseigne (B. 87).

124 — Le Petit cheval (B. 96).

Épreuve signée au verso *P. Mariette, 1662*.

125 — Érasme de Rotterdam (B. 107).

DUVET (Jean) dit le maitre a la licorne.

126 — Dieu remettant la clef de l'abîme à l'ange (R. D. 47).

Superbe épreuve avec une belle marge (collection R. Dumesnil). Très-rare de cette beauté.

DYCK (Antoine Van).

127 — Breugel (Jean), catalogue Weber (1).

Très-belle épreuve du troisième état, avec l'adresse de Gillis Hendrix.

128 — Van Dyck (4).

Superbe épreuve du premier état d'eau-forte pure ; malheureusement, la partie blanche de l'estampe a été coupée. De la plus grande rareté.

129 — Érasme Didier de Rotterdam (5).

Ancienne épreuve tirée sur papier à la folie.

130 — Momper (Josse de) (8).

Superbe épreuve du premier état.

131 — Pontius (Paul) (11).

Très-belle épreuve du deuxième état, avant la lettre ; elle est mal conservée. Encadrée.

132 — Snellinx (Jean) (12).

Très-belle épreuve du premier état.

133 — Suttermans (Juste) (16).

Très-belle épreuve du premier état.

134 — Vosterman (Lucas) (18).

Très-belle épreuve, avec l'adresse de Gillis Hendrix.

134 bis — Wael (Jean de) (21).

Très-belle épreuve, avec l'adresse de Gillis Hendrix.

135 — Le Titien et sa maîtresse (25).

Très-belle épreuve.

EARLOM (RICHARD).

136 — Les Fleurs et les Fruits.

Très-belles épreuves avant la lettre.

137 — Le Concert d'oiseaux, d'après Maria di Fiori.

Belle épreuve avant la lettre. Encadrée.

ECKHOUT (GERBRANDT VAN DEN).

138 — Portrait d'un jeune homme vu à mi-corps (B. 66). Cl. 73.

Magnifique épreuve (collection Aylesford).

EISEN (FRANÇOIS).

139 — Tête d'homme, d'après Rubens; et le Marché, par J.-M. Pierre.

Deux pièces gravées à l'eau-forte.

EVERDINGEN (ALDERT VAN).

140 — Le Rocher sortant de l'eau (B. 34) ; le Petit pont
      couvert (B. 45) ; les Deux paysans sur la colline
      (B. 7).

Quatre pièces, anciennes épreuves.

FANTUZZI (ANTOINE).

141 — Jeune dame romaine, d'après une statue antique,
      1543.

Pièce non décrite, provenant de la vente H. de Lasalle.

FLAMEN (ALBERT).

142 — La Pivoine (R. D. 406), le Chemin de Saint Mars,
      et partie de la basse-cour de Longuetoyse (R
      D. 530).

Superbes épreuves.

FRAGONARD (HONORÉ).

143 — Les Deux femmes à cheval (Catalogue de M. P. de
      Baudricourt, 5).

Très-belle épreuve.

GELLÉE (CLAUDE) DIT LE LORRAIN.

144 — L'apparition (R. D. 2).

Belle épreuve du premier état (collection R. Dumesnil).

145 — Le Passage du Gué (R. D. 3).

Collection R. Dumesnil.

146 — Le Troupeau à l'abreuvoir (R. D. 4).

Belle épreuve du premier état (collection R. Dumesnil.

147 — Le Bouvier (R. D. 8).

Pièce recherchée du maître. Très-rare épreuve au haut de laquelle est imprimé le griffonnement : Étude d'une scène de brigands, n° 39 (collection R. Dumesnil).

148 — Le Dessinateur (R. D. 9).

Très-belle épreuve.

149 — Le Port de mer au fanal (R. D. 11).

Ancienne épreuve.

150 — Scène de brigands (R. D. 12).

151 — Le Port de mer à la grosse tour (R. D. 13).

Très-belle épreuve du deuxième état (collection R. Dumesnil).

152 — Le Pont de bois (R. D. 14).

Belle épreuve.

153 — Le Soleil couchant (R. D. 15).

Belle épreuve du troisième état (collection R. Dumesnil).

154 — Mercure et Argus (R. D. 17).

Très-belle épreuve du premier état (collection R. Dumesnil).

155 — Le Troupeau en marche par un temps orageux (R. D. 18).

Magnifique et très-rare épreuve du premier état, avant les traits croisés de pointe entre l'une des montagnes de gauche et la grosse tour ronde de la droite.

156 — Le Chevrier (R. D. 19).

157 — Le Temps, Apollon et les Saisons (R. D. 20).

Superbe épreuve (collection R. Dumesnil).

158 — Berger et bergère conversant (B. 21).

Belle épreuve.

159 — L'Enlèvement d'Europe (R. D. 22).

Épreuve du premier état (collection Thorel).

160 — La Danse villageoise (R. D. 24).

Pièce toujours faible, l'eau-forte n'ayant pas mordu (collection R. Dumesnil).

161 — Les Trois Chèvres (R. D. 26).

Belle épreuve (collection R. Dumesnil).

GHISI (ADAM).

162 — Femme nue peignant ses cheveux qu'elle vient de mouiller (B. 101).

Très-belle épreuve.

GHISI (GEORGES).

163 — Portrait de Michel-Ange (B. 72).

Encadrée.

GLOCKENTON (ALBERT).

164 — La Cène (B. 3).

Superbe épreuve provenant de la collection d'Arozarena.

165 — La Flagellation (B. 7), et la Descente aux limbes (B. 12).

Deux pièces.

166 — Une Vierge folle (B. 24), d'après Martin Schongauer.

Très-belle épreuve d'une pièce rare.

GOLTZIUS (HENRI).

167 — Portraits de Nicolas de Lafaille et de sa femme (B. 212 et 213).

Superbes épreuves.

168 — Cinq petits portraits de forme ovale dont plusieurs non décrits par Bartsch.

GOYEN (JEAN VAN).

169 — Paysages.

Deux pièces. Très-belles épreuves.

HACKAERT (JEAN).

170 — Le Chemin serpentant (B. 2).

Belle épreuve.

171 — L'Arbre incliné (B. 4).

Très-belle épreuve.

172 — Les Quatre arbres (B. 5).

Très-belle épreuve.

HAFTEN (NICOLAS).

173 — Repas des commères, 1694.

Très-belle épreuve d'une estampe non décrite par Bartsch.

174 — Les Trois fumeurs, 1695.

Superbe épreuve d'une pièce inconnue à Bartsch.

HECKE (JEAN VAN DEN).

175 — Différents animaux, suite de douze estampes (B. 1 à 12).

Anciennes épreuves.

176 — Le Chien près de la fontaine (B. 7), et le Chenil (B. 8).

Deux pièces. Anciennes et belles épreuves (collection Debois).

HEUSCH (GUILLAUME DE).

177 — Le Grand chevrier (B. 3).

Très-belle épreuve du premier état avant les travaux dans le ciel et avant le nom du maître. Pièce de la plus grande rareté.

HOLLAR (WENCESLAS).

178 — Les Grues, le Canard sauvage ; plus, un sujet de Chiens par un anonyme.

Quatre pièces.

HOPFER (DANIEL).

179 — La Sainte Vierge assise sous un portique (B. 39).

Très-belle épreuve avant le numéro.

180 — Une Sainte assise sur un trône, ayant entre ses mains la sainte Eucharistie (B. 45).

Belle épreuve.

181 — La Sainte Vierge tenant l'Enfant Jésus sur ses genoux.

Pièce de forme ronde. Très-belle épreuve avant le numéro.

182 — Trois vieilles femmes combattant le démon (B. 71).

Belle épreuve avant le numéro.

JARDIN (KAREL DU).

183 — Les deux Chevaux (B. 4).

Magnifique épreuve avant le numéro ; elle a de la marge.

184 — Les deux Anes (B. 6).

Très-belle épreuve.

185 — La Chèvre et les deux Moutons (B. 7).

Belle épreuve.

186 — Les trois Cochons couchés devant l'étable (B. 8).

Superbe épreuve avant le numéro.

187 — Les deux Cochons (B. 15).

Très-belle épreuve.

188 — Le Goujat et les deux Anes (B. 19).

Belle et ancienne épreuve.

189 — Le Champ de bataille (B. 28).

Très-belle épreuve.

190 — Le Mulet aux clochettes (B. 29).

Très-belle épreuve.

191 — Le Bœuf debout et le Veau couché (B. 30).

Superbe épreuve avant le numéro.

192 — L'Ane entre deux moutons (B. 32).

Superbe et très-rare épreuve tirée avant que le ciel ait été raccordé à la pointe sèche. (Collection H. de Lasalle).

193 — Les Vaches, le Taureau et le Veau (B. 34).

Très-belle épreuve.

194 — Portrait du poëte De Vos (B. 52).

Belle épreuve.

KONINCK (Salomon).

195 — Tête de vieillard à grande barbe, vu de profil.

Très-belle épreuve provenant de la collection Van den Zande.

KOOGEN (Léonard vander).

196 — Saint Sébastien (B. 2).

Superbe épreuve d'une estampe rare.

LAER (Pierre de).

197 — Titre pour la suite de différents animaux (B. 1), et
les Cochons et les Anes (B. 4).

Très-belles épreuves (collection R. Dumesnil).

LAIRESSE (Gérard de).

198 — Nymphe endormie dans une posture indécente, surprise par un satyre.

Superbe épreuve.

LANA (Louis).

199 — Sainte Famille (B. 1), et une autre Sainte Famille
par un graveur italien de la même époque.

LASTMAN (Pierre), de l'école de Rembrandt.

200 — Judas et Thamar (B. 74).

Voir le Supplément de Bartsch, p. 153. Très-belle épreuve.

LEYDE (Lucas de).

201 — Adam et Ève fugitifs après avoir été chassés du Pa-
radis terrestre (B. 15).
202 — La Conversion de Saint Paul (B. 17).

Pièce capitale du maître. Encadrée.

203 — Joseph interprétant les songes de Pharaon (B. 23).

Très-belle épreuve.

204 — Jésus-Christ tenté par le Démon (B. 41) et les deux Vieillards appercevant Suzanne dans le Bain (B. 33).

Deux pièces.

205 — Saint Georges (B. 121).

Très-jolie pièce du maître.

206 — Le moine Sergius tué par Mahomet (B. 126).

Pièce capitale du maître. Belle épreuve.

207 — Une Homme et une Femme assis dans une campagne (B. 148).

Superbe épreuve.

208 — La Vieille avec la Grappe de raisin (B. 151)

Belle épreuve.

209 — Le Chirurgien (B. 156).

Très-belle épreuve.

210 — La Laitière (B. 158).

Belle épreuve d'une des pièces les plus estimées du maître. Elle est doublée.

211 — Composition d'ornements (B. 162).

LIANO (Téodor-Filippo), dit Philippe Napolitain.

212 — Un Soldat debout, vu par le dos (B. 3).

Belle épreuve.

LIONI (Octave).

213 — Portrait d'un Chevalier de Malte (B. 9).

Belle épreuve.

LIVENS (Jean).

214 — Le Sacrifice de Gédéon (B. 2), Cl. 2.
Belle épreuve.

215 — Anachorète (B. 7), Cl. 7.
Belle épreuve (collection Van den Zande).

216 — Astrologue (B. 8), Cl. 8.
Belle épreuve.

217 — Mercure et Argus (B. 10), Cl. 10.
Très-belle épreuve.

218 — Portrait d'Officier (B. 11), Cl. 12.

219 — Portrait de Femme dans un ovale (B. 15), Cl. 17.
Très-belle épreuve.

220 — Vieillard à grande barbe et calotte (B. 16), Cl. 18.
Belle épreuve.

221 — Buste de Vieillard (B. 23), Cl. 23.
Très-belle épreuve du premier état avant l'adresse de F. Wingaerde.

222 — Buste d'un Oriental (B. 33), Cl. 34.
Très-belle épreuve.

223 — Buste de Vieillard vu de face (Cl. 79). Ce portrait est celui de Robert South, anglais, âgé de cent douze ans.
Superbe épreuve d'une estampe inconnue à Bartsch.

LOUTHERBOURG (J.-P.)

224 — La Vache et l'Ane passant une rivière (Catalogue de Baudicourt 17.).
Très-belle épreuve d'une charmante pièce.

LUCHESE (MICHEL).

225 — Sainte Famille, d'après Raphaël, la Mort de Caton, par Testa, etc.

Cinq pièces.

MANTEGNA (ANDRÉ).

226 — Les Soldats portant des trophées (B. 13).

Très-belle épreuve provenant de la vente H. de Lasalle.

MANGARDI (J.-B.)

227 — Le Sacrifice d'Abraham et Buste de Saint, par G. Gandolfi.

Deux pièces,

MAITRE A LA NAVETTE (ZWOTT, DIT LE).

228 — Le Calvaire. — Le Christ en croix au milieu de l'estampe, entre deux larrons. Au milieu du devant, Sainte Madeleine exprime son affliction, tandis qu'une Marie et Saint Jean soutiennent la Vierge. Les trois croix sont entourées d'un grand nombre de Juifs. Le nom du maître : *Zwott*, est gravé au milieu du haut de l'estampe (B. 6).

Superbe épreuve provenant des collections Durand et d'Arozarena. Extrêmement rare.

MAITRE A L'ÉCREVISSE.

229 — La Vierge avec l'Enfant Jésus (B. 20).

Très-belle épreuve d'une pièce de la plus grande rareté. (Collection du comte de Fries.)

MAITRE ANONYME ITALIEN DU XVe SIÈCLE.

230 — Vulcain forgeant des armes.

Pièce non décrite par Bartsch et attribuée à Nicoleto de Modène. Magnifique épreuve. Très-rare.

MAITRES ANONYMES DE L'ÉCOLE DE MARC-ANTOINE RAIMONDI.

(VOYEZ BARTSCH, T. XV, PAGE 51, N. 3.)

231 — L'Abreuvoir des Bœufs, d'après Raphaël.

Très-belle épreuve du premier état (Collections Denon, Debois et H. de Lasalle).

232 — Sainte Barbe. Sainte Catherine. Sainte Marthe.

Trois pièces (Collection Martelli).

MAITRES ANONYMES DE L'ÉCOLE DE FONTAINEBLEAU.

233 — Portrait de Michel-Ange Buonarotti à l'âge de vingt-trois ans.

Très-belle épreuve signée au verso Jacq. Androuet du Cerceau.

234 — Le vieux Silène, d'ap. L. Penni.

MAITRES ANONYMES ITALIENS DU XVIe SIÈCLE.

235 — Jeune Femme ailée, vu de trois-quarts, dirigeant ses pas vers la gauche; elle tient deux trompettes.

Très-jolie pièce gravée à l'eau-forte.

236 — Portrait de Antoine Salamanque dans un cadre avec ornements de la même époque.

237 — Le Calvaire.

Très-jolie pièce finement exécutée à l'eau-forte, dans le goût du maitre au monogrmme C. P. (Collection H. de Lasalle).

238 — Femme suivie de plusieurs personnages se disposant à entrer dans un temple.

Très-belle eau-forte imprimée sur papier bleu et attribuée à P. Véronèse.

MAITRES ANONYMES ALLEMANDS ET FLAMANDS.

239 — Combat d'hommes nus à pied et à cheval, et la Danse des Muses.

Belles épreuves.

240 — L'Annonciation aux Bergers.

Très-jolie pièce.

241 — Paysage historique. Sur le devant, un pâtre gardant des pourceaux et un autre Paysage avec rochers.

Deux pièces. Belles épreuves.

MAITRE AU DÉ.

242 — Saint Sébastien (B. 14).

Belle épreuve.

243 — Apollon poursuivant Daphné (B. 21).

Belle épreuve.

244 — Sacrifice de Priape (B. 27).

Superbe épreuve.

MAITRES AU MONOGRAMME F. G.

245 — Mutius Scévola (B. 2).

Pièce rare.

246

MAITRE AU MONOGRAMME N. R.

246 — Adam et Ève, Jésus expirant sur la Croix, et la Vierge sur un croissant, par un graveur anonyme.

Trois pièces.

247 — La Vierge assise au pied d'une muraille. Elle tient l'Enfant Jésus sur ses genoux ; le fond à droite offre la vue d'une ville.

Pièce inconnue à Bartsch. Elle est doublée.

MAITRE AU MONOGRAMME P. M.

(BARTSCH, VOL. VI, PAGE 415.)

248 — La Nativité. Pièce inconnue à Bartsch.
Rare.

MAITRE AU MONOGRAMME P. V. H.

249 — Différents Chiens (B. 1, 2, 4 et 10)
Très-belles épreuves.

MATEI (F.)

250 — L'Arco di Tito con parte della vigna dei Farnesi, 1651.

Très-belle épreuve provenant de la collection H. de Lasalle.

MECKEN (ISRAEL DE).

251 — L'Annonciation (B. 5): Ce morceau est une répétition du numéro 3 de l'œuvre de Martin Schongauer.

Elle est doublée.

3

252 — Les deux Amants (B. 181).

Belle épreuve du premier état avant la retouche de la planche. Pièce rare.

253 — Une grande Crosse (Appendice, B. 139). Partie inférieure de l'estampe.

Très-belle épreuve.

MERCATI (Jean-Baptiste).

254 — Sainte Bibiane (B. 5) et la Vierge au Poisson, par Bonifacio, provenant de la collection R. Dumesnil ; plus une Vierge et l'Enfant Jésus.

Trois pièces.

MEYERINGH (Albert).

255 — Le Mausolée (B. 8) et Paysage, par Vander Kobell.

Deux pièces. Belles épreuves.

MIEL (Jean).

256 — Le Berger (B. 1) et l'Épine dans la plante du pied (B. 3).

Deux pièces. Très-belles éqreuves.

MONTAGNA (Benoit).

257 — La Vierge à mi-corps (B. 7).

258 — L'Homme assis près d'un palmier (B. 28).
Belle épreuve du premier état avant l'adresse de *Guidotti*.

MOOR (Carl de).

259 — Portrait de F. Mieris et de Jean Van Goyen, peintres, et le portrait de Gérard Dow, par Schalken.

Trois pièces.

MORO (Marco del).

260 — Le Mariage de Sainte Catherine, d'après Le Parmesan (B. 2).

Collection H. de Lasalle.

MOYAERT (C.)

261 — Pâtre gardant un troupeau.

Pièce anonyme portant le monogramme C. M. 1638.

MOZZETTO (Jérome).

262 — Frises avec des Tritons.

Ces deux pièces, décrites dans le 13e vol. de Bartsch, pag. 101, n⁰ˢ 7 et 8, ont été reconnues pour appartenir à Mozzetto. Superbes épreuves. Très-rares.

NADAT (dit le maitre a la ratière).

263 — La Vierge et sainte Anne (B. 1).

Belle épreuve d'une estampe rare.

NAIWYNCX (Henri).

264 — Paysage où l'on voit un petit pont (B. 6).

Belle épreuve

265 — Paysage où l'on voit à gauche un rocher escarpé (B. 6).

Très-belle épreuve.

266 — Paysage au milieu duquel on voit deux grands arbres (B. 9).

Belle épreuve.

267 — Paysage où l'on voit à droite deux grands arbres plantés à une petite distance l'un de l'autre (B. 10).

Très-belle épreuve.

OSSENBECK (Van).

268 — Le Marchand de genièvre (B. 4).

Superbe épreuve du premier état avant le nom du maître.

OSTADE (Adrien van).

269 — L'Homme appuyé sur le bas de sa porte (B. 9), et le peintre (B. 32).

Deux pièces.

270 — L'Homme et la Femme causant ensemble (B. 12).

Très-belle épreuve, avec la bordure faible et avant divers travaux.

271 — Les Fumeurs (B. 13); le Marchand de lunettes (B. 29); trois Figures grotesques (B. 28). Deux épreuves.

Quatres pièces.

272 — La Mère et les deux enfants (B. 14), et les Musiciens ambulants (B. 38).

Deux pièces, anciennes épreuves.

273 — La Cruche vide (B. 15); et les Musiciens ambulants (B 38).

274 — La Poupée demandée (B. 16).

Ancienne épreuve.

275 — L'Ecole (B. 17).

Très-belle épreuve, avec la bordure faible.

276 — Le Coup de couteau (B. 18), et le Charlatan (B. 43).

Deux pièces, anciennes épreuves.

277 — L'Homme et la Femme marchant ensemble (B. 24);
Gueux au dos courbé (B. 20); Gueux debout les
mains derrière le dos (21), et le Fumeur (B. 5).

Quatre pièces.

278 — Le Savetier (B. 27).

Épreuve avant la continuation de la vigne sur la partie droite de l'estampe.

279 — La Chanteuse (B. 30).

Ancienne épreuve.

280 — Les Pêcheurs (B. 26).

Très-belle épreuve avant le trait carré rentré au burin.

281 — Le Père de famille (B. 33).

Très-belle épreuve avec les travaux à la pointe sèche sur la marmite.

282 — L'Homme conversant avec la femme (B. 37).

Superbe épreuve, avant que la bordure ait été terminée au burin.

283 — Le Paysan payant son écot (B. 42).

Très-belle épreuve.

284 — Le Violon et le petit Vielleur (B. 45).

Très-belle épreuve tirée avant divers travaux.

285 — La Famille (B. 46).

Très-belle épreuve avant divers travaux ; elle est doublée.

286 — La même estampe.

287 — La Fête de village (B. 47).

Ancienne épreuve.

288 — Le Goûter (B. 50).

Très-belle épreuve provenant de la collection H. de Lasalle.

OUDRY (J.-B.)

289 — Le Chevreuil forcé (R. D. 2), et le Loup aux abois (R. D. 4).

Deux pièces. Belles épreuves encadrées.

PALMA (J. LE JEUNE).

290 — La Vierge entre plusieurs saints (B. 21).

Deux épreuves, et deux sujets religieux, par Umbach. Quatre pièces.

PARMESAN (FRANCESCO MAZZUOLI, DIT LE).

291 — Saint Pierre et saint Jean guérissant les malades à la porte du Temple, d'après Raphaël (B. 7).

Pièce très-rare qui malheureusement a été divisée en trois morceaux.

292 — Le jeune Homme et les deux Vieillards (B. 13).

PATER.

293 — Halte militaire.

Charmante eau-forte du maître. Très-rare et superbe épreuve.

PENTCZ (Georges).

294 — Médée remettant entre les mains de Jason ses dieux
pénates (B. 71).

Superbe épreuve

PETERS (Bonaventure).

295 — Marine.

Très-jolie eau-forte.

PICCINI (Gaetano).

296 — Le Triomphe de l'amour.

Très-jolie pièce gravée à l'eau-forte. Belle épreuve.

POTTER (Paul).

297 — Différents Bœufs et Vaches (B. 1 à 8).

Suite de huit estampes, dont nous n'avons que les n°s 1, 3, 4, 5 et 8.
Belles épreuves.

298 — Le Vacher (B. 14).

Ancienne et belle épreuve.

299 — Le Berger (B. 15).

Très-belle épreuve du troisième état, avec l'adresse de Clément de Jonghe
qui a été grattée. (Collection Debois.)

PRIMATICCIO (Francesco).

300 — Les deux Femmes romaines.

Très-belle épreuve de la seule pièce gravée par ce grand maître; malheureusement, l'estampe a été divisée en deux parties rassemblées d'ailleurs
très-habilement.

RAIMONDI (Marc-Antoine).

301 — La Vierge lisant (B. 48).
Très-belle épreuve.

202 — Deux Faunes portant un enfant dans un panier
(B. 230).
L'épreuve est doublée.

303 — Le Satyre et l'Enfant, d'après Raphaël (B. 281).

304 — Mars, Vénus et l'Amour (B. 345).
Ancienne épreuve provenant de la collection Durand.

305 — Le jeune Homme à la lanterne (B. 384).
Pièce rare.

306 — La Force (B. 395).
Cette estampe est gravée par Marc de Ravenne d'après Raphaël. (Collection de R. Dumesnil.)

307 — L'Homme à genoux, à la lisière d'un bois, (B. 434).
Très-belle épreuve. (Collection Verstolck de Soelen.)

308 — Le Paysan et la Femme aux œufs (B. 453).
Cette estampe rare est une des meilleures pièces gravées par A. Vénitien d'après Raphaël. (Collections Peter Lely et H. de Lasalle.)

309 — Les Grimpeurs (B. 487).
Pièce capitale du maître, considérée par Bartsch comme une des plus rares de son œuvre.

REMBRANDT (van Rhyn Paul).

310 — Portrait de Rembrandt et sa femme (B. 19). Cl. 19.
Très-belle épreuve de la collection Verstolk de Soelen.

311 — La même estampe, avec un ton de lavis.
Extrêmement rare.

312 — Portrait de Rembrandt au bonnet orné d'une plume (B. 20). Cl. 20.

313 — Portrait de Rembrandt aux cheveux courts et frisés (B. 26). Cl. 26.
Belle épreuve du premier état avant le nom du maître, provenant de la collection Graves.

314 — Abraham qui reçoit les trois anges (B. 29). Cl. 35.
Superbe épreuve provenant de la collection du comte de Fries.

315 — Agar renvoyée par Abraham (B. 30). Cl. 37.
Belle épreuve.

316 — Abraham avec son fils Isaac (B. 34). Cl. 39.
Belle épreuve.

317 — Le Sacrifice d'Abraham (B. 35). Cl. 36.
Belle épreuve

318 — Jacob pleurant la mort de son fils Joseph (B. 38). Cl. 42.
Très-belle épreuve

319 — Joseph racontant ses songes devant sa famille (B. 37). Cl. 41.

320 — Joseph et la femme de Putiphar (B. 39). Cl. 43.
Épreuve tirée sur papier de soie.

321 — Le Triomphe de Mardochée (B. 40). Cl. 44.
Très-belle épreuve avec des barbes

322 — David en prière (B. 41). Cl. 45.
Belle épreuve.

323 — Tobie le père, aveugle (B. 42). Cl. 46.

Belle épreuve.

324 — L'Ange qui disparaît devant la famille de Tobie (B. 43). Cl. 47.

Superbe épreuve avant des travaux de pointe sèche à la gauche du bas de l'estampe.

325 — L'Adoration des Bergers (B. 46). Cl. 50.

326 — La Circoncision (B. 17). Cl. 51.

Très-belle épreuve d'un premier état inconnu à Bartsch et à Claussin, avant les travaux à la pointe sèche vers le milieu du haut de la planche.

327 — La Circoncision (B. 48). Cl. 52.

Très-belle épreuve d'une charmante pièce.

328 — Fuite en Égypte (B. 56). Cl. 60.

Superbe épreuve d'un morceau rare.

329 — Retour d'Égypte (B. 60). Cl. 64.

Superbe épreuve fort chargée de manière noire.

330 — La Sainte Famille (B. 62). Cl. 66.

331 — Jésus-Christ prêchant, ou la petite Tombe (B. 67). Cl. 71.

Belle épreuve où l'on voit encore de la manière noire sur le bras de l'homme coiffé d'un turban à la gauche de l'estampe.

332 — Le Denier de César (B. 68). Cl. 72.

333 — La Samaritaine (B. 71). Cl. 75.

Ancienne épreuve.

334 — Petite Résurrection de Lazare (B. 73). Cl. 77.

Très-belle épreuve.

335 — Jésus-Christ dans le Jardin des Oliviers (B. 75).
Cl. 79.

Très-belle épreuve

336 — Jésus en croix entre les deux larrons; gravée d'une manière légère sur une planche de forme ovale (B. 79). Cl. 81.

337 — Jésus-Christ en croix (B. 80). Cl. 85.

Belle épreuve.

338 — Descente de croix (B. 83). Cl. 87.

Très-belle épreuve.

339 — Le Retour de l'Enfant prodigue (B. 91). Cl. 95.

Très-belle épreuve. (Collection R. Dumesnil.)

340 — Le Martyre de saint Étienne (B. 97). Cl. 100.

Très-belle épreuve.

341 — Saint Jérôme (B. 102). Cl. 105.

Belle épreuve.

342 — Saint Jérôme (B. 100). Cl. 103.

Belle épreuve.

343 — Saint Jérôme (B. 104). Cl. 107.

Très-belle épreuve tirée sur papier à la folie et portant la signature de Claude-Augustin Mariette, 1693.

344 — La Jeunesse surprise par la Mort (B. 109). Cl. 111.

Belle épreuve d'un morceau rare.

345 — La Fortune contraire (B. 111). Cl. 113.

Très-belle épreuve avec le trait échappé au haut du mât.

346 — Chasse aux lions (B. 115). Cl. 117.

Superbe épreuve portant la signature de *P. Mariette*, 1679. Ce morceau fait pendant au suivant.

347 — Chasse aux lions (B. 116). Cl. 118.

Très-belle épreuve.

348 — Sujet de bataille (B. 117). Cl. 119.

Très-belle épreuve du deuxième état, avec le fond d'une teinte grise dans le goût du lavis. Rare.

349 — Le Vendeur de mort-aux-rats (B. 121). Cl. 123.

Superbe épreuve.

350 — La Faiseuse de kouks (B. 124). Cl. 126.

Superbe épreuve signée, au verso, *P. Mariette*, 1674.

351 — Synagogue des Juifs (B. 126), Cl. 128.

Très-belle épreuve provenant de la collection Graves.

352 — Le Cochon (B. 157), Cl. 154.

Superbe épreuve d'un morceau rare.

353 — Paysan déguenillé les mains derrière le dos (B. 172), Cl. 169.

Très-belle épreuve avant divers travaux.

354 — Gueux assis sur une motte de terre (B. 174), Cl. 171.

Très-belle épreuve du premier état, avant le nom du maître écrit en toutes lettres.

355 — Mendiants à la porte d'une maison (B. 176), Cl. 173.

Épreuve tirée sur papier de soie.

356 — L'Espiègle (B. 188), Cl. 185.

Superbe épreuve du deuxième état, avec une tête au travers des arbres, à côté de la houlette. Extrêmement rare.

357 — Le Vieillard endormi (B. 189), Cl. 186.
Superbe épreuve ; elle est doublée.

358 — Homme nu assis (B. 193), Cl. 190.
Superbe épreuve. (Collection Poggi.)

359 — Les Baigneurs (B. 195), Cl. 192.
Très-belle épreuve.

360 — Femme nue, assise sur une butte (B. 198), Cl. 195.
Ancienne épreuve.

361 — Femme nue, les pieds dans l'eau (B. 200), Cl. 197.

362 — Vue d'Omval, près d'Amsterdam (B. 209), Cl. 206.
Morceau rare.

363 — Vue ancienne d'Amsterdam (B. 210), cl. 207.
Belle épreuve. La partie blanche du papier a été ajoutée.

364 — Le Paysage aux trois Chaumières (B. 217), Cl. 214.
Très-belle épreuve.

365 — Le Paysage à la tour carrée (B. 218), Cl. 215.

366 — Le Paysage au dessinateur (B. 219), Cl. 216.
Superbe épreuve.

367 — Le Berger et sa Famille (B. 220), Cl. 217.
Superbe épreuve.

368 — Le Canal (B. 221), Cl. 218.
Magnifique épreuve, chargée de manière noire, d'une estampe extrêmement rare.

369 — Le Bouquet de bois (B. 222), Cl. 219.
Superbe épreuve d'une pièce rare.

370 — Le Paysage à la tour (B. 223), Cl. 220.
Très-belle épreuve.

371 — La Grange à foin (B. 224), Cl. 221.
Superbe épreuve. (Collection du chevalier D***.)

372 — La Chaumière et la Grange à foin (B. 225), Cl. 222.
Belle épreuve d'un des plus beaux paysages de Rembrandt. (Collection Ackermann.)

373 — La Chaumière au grand arbre (B. 226), Cl. 223.
Superbe épreuve provenant des collections Poggi et Debois.

374 — L'Obélisque (B. 227), Cl. 224.
Très-belle épreuve

375 — La Barque à la voile (B. 228), Cl. 225.

376 — Paysage aux deux allées (B. 230), Cl. 227.
Magnifique épreuve chargée de manière noire d'une estampe de la plus grande rareté. Elle a une belle marge.

377 — Le Moulin de Rembrandt (B. 233), Cl. 230.
Belle épreuve avec les taches de vernis apparentes.

378 — La Campagne du peseur d'or (B. 234), Cl. 231.
Très-belle épreuve.

379 — Le Canal avec les Cygnes (B. 235), Cl. 232.
Belle épreuve.

380 — Le Paysage au bateau (B. 236), Cl. 233.
Très-belle épreuve avec de la manière noire.

381 — Paysage à la vache qui s'abreuve (B. 237), Cl. 234.

382 — Vieillard portant la main à son bonnet (B. 259), Cl. 256.

Belle épreuve du premier état, avant la retouche de Schmidt.

383 — Portrait de Jean-Antoine Vander Linden (B. 263), Cl. 261.

Très-belle épreuve.

384 — Vieillard à barbe carrée (B. 265), Cl. 262.

Belle épreuve.

385 — Jeune Homme assis et réfléchissant (B. 268), cl. 265.

Très-belle épreuve.

386 — Portrait de Faustus (B. 270), Cl. 267.

Très-belle épreuve avant divers travaux.

387 — Portrait de Clément de Jonge (B. 272), Cl. 269.

Superbe épreuve du troisième état

388 — Portrait de Abraham France (B. 273), Cl. 270.

Très-rare et superbe épreuve du troisième état avec une grande marge, provenant de la collection du chevalier D.

389 — Portrait de Jean Lutma (B. 276), Cl. 273.

390 — Portrait de Jean Asselin (B. 277), Cl. 274.

391 — Portrait de Wtenbogardeus (B. 279), Cl. 276.

Ancienne et belle épreuve.

392 — La petite Mariée juive (B. 342), Cl. 332.

Superbe épreuve. (Collection Aylesford.)

393 — Buste de Vieille d'un beau caractère (B. 353), Cl. 343.

Très-belle épreuve.

394 — Études de trois têtes de femmes (B. 367), Cl. 357.

Superbe épreuve.

395 — Feuille avec six têtes, au milieu desquelles est le portrait de la femme de Rembrandt (B. 365). Cl. 355.

Très-belle épreuve.

RENI (Guido).

396 — La Vierge avec l'Enfant Jésus (B. 4).

Très-belle épreuve.

397 — Sainte Famille (B. 9)

Très-belle épreuve.

RENI (Guido, école de).

398 — Saint Jérôme dans une grotte.

Belle épreuve.

399 — La Vierge avec l'Enfant Jésus (B. 6), et Saint Jean-Baptiste d'après le Guide, par J. Rossi le Vieux.

RIBERA (Joseph, dit l'Espagnolet).

400 — Saint Jérôme lisant (B. 3) et Saint Pierre (B. 7).

401 — Le Martyre de Saint Barthelemy (B. 6).

Pièce capitale et la plus recherchée du maître.

402 — Le Poète (B. 10).

ROBETTA.

403 — Jésus-Christ baptisé dans le Jourdain (B. 8).

Belle épreuve. Rare.

404 — La Vierge aux Anges (B. 13).
Pièce capitale du maître.

ROGHMAN (ROLAND).

405 — Vue prise dans le bois de Seunig (B. 14) et le Quartier de rocher (B. 26).
Belles épreuves.

406 — La Chûte d'eau (B. 30) et Paysage par Hayedoornn.
Deux pièces. Belles épreuves.

ROOS (JEAN-HENRI).

407 — Les deux Chèvres (B. 3).
Superbe épreuve avant le numéro.

408 — Les Moutons près de la haie (B. 20), les Muletiers (B. 24).
Deux pièces. Anciennes épreuves.

409 — L'Anesse et le Bouc (B. 29).
Belle épreuve avant le numéro.

RUBENS (PIERRE-PAUL).

410. — Saint François et la Madeleine.
Deux pièces. Belles épreuves.

RUISDAEL (JACQUES).

411 — Le petit Pont (B. 1).
Ancienne épreuve.

412 — **La Chaumière au sommet de la colline (B. 3).**
Ancienne épreuve.

SAFT-LEVEN (Herman).

413 — **Le Fendeur de bois (B. 14).**
Très-belle épreuve.

414 — **La Porte des femmes blanches à Utrecht (B. 29).**
Ancienne épreuve.

SART (Corneille du).

415 — **Le Couple ivre (B. 7).**
Superbe épreuve.

416 — **La Ventouse (B. 12).**
Ancienne et belle épreuve.

417 — **Le Cordonnier renommé (B. 14).**
Très-rare et magnifique épreuve avant la lettre.

418 — **Le Violon assis (B. 15).**
Belle épreuve avec les travaux à la roulette encore visibles.

SCHEITS (M.).

419 Le Joueur de violon assis et un Portrait gravé à l'eau-
forte par Brauwer.

SCHONGAUER (Martin).

420 — **La Fuite en Égypte (B. 7).**
Pièce capitale.

421 — Jésus à la montagne des Oliviers (B. 9), et la Prise de
Jésus-Christ (B. 10).

Deux pièces.

422 — La Sépulture (B. 18).

Belle épreuve. Elle est doublée.

423 — Jésus-Christ à la Croix (B. 25).

Première et très-rare épreuve où l'on aperçoit sur le bras droit de la
Vierge le feuillé de l'arbre placé au bord gauche de la composition. Etat
non décrit.

424 — La Vierge debout (B. 28).

Très-belle épreuve; elle est doublée et rognée de chaque côté.

425 — La Mort de la Vierge (B. 33).
Très-belle épreuve.

426 — Saint Laurent (B. 56).

427 — La Vierge sur un trône auprès de Dieu (B. 71).

428 — Dieu couronnant la Sainte Vierge (B. 72).
Superbe épreuve.

429 — Les Cochons (B. 95).
Très-belle épreuve.

430 — Jésus-Christ au milieu de six anges (Appendice B. 6.)
Très-belle épreuve.

ATTRIBUÉ A Martin Schongauer.

431 — Combat de deux enfants.

SIRANI (Elisabeth).

432 — Repos en Égypte (B. 4), et la Vierge du rosaire par Canuti (B. 1).

Deux pièces. Très-belles épreuves.

SMEES (J.).

433 — Paysage (B. 5), et les Ruines de Bréderode, près d'Harlem, par De Bray.

Deux pièces.

STAR (Thierry van).

434 — Jésus-Christ tenté par le démon (B. 5).

Superbe épreuve.

STOOP (Thierry).

435 — Cheval attaché à un pieu fiché en terre (B. 4).

Première et très-rare épreuve d'un état inconnu à Bartsch avant des travaux dans le ciel.

436 — Deux Chevaux de charrue fatigués (B. 7).

Première et très-rare épreuve d'un état inconnu à Bartsch, avant les travaux dans le ciel. Ces deux pièces sont superbes.

437 — Cheval debout devant une mangeoire (B. 11) ; plus, les Buveurs et un cheval, par P. Nolpe.

Trois pièces.

SUBLEYRAS (Pierre).

438 — Le Serpent d'airain (R. D. 2).

Très-belle épreuve avant le titre dans la marge du bas.

SWANEVELT (Herman).

439 — Saint-Jean-Baptiste dans le désert (B. 34).

Première épreuve avec l'adresse de Rossi, plus la copie des Satyres (B. 25.)

440 — Mercure imposant silence à Battus (B. 95).

Belle épreuve du troisième état avec l'adresse de Mariette et avant le numéro.

441 — Balaam (B. 111).

Très-rare et magnifique épreuve du premier état, avant le nom du maitre et avant la bordure; elle a une belle marge.

TÉNIERS (David).

442 — La Fête flamande. Composition de trente-quatre figures (C. (Rigal 1).

Superbe épreuve du premier état avec le trait carré légèrement tracé.

443 — La Danse au son de la musette (R. 39).

Très-belle épreuve du premier état.

444 — L'Ouie et l'Odorat (R. 16 et 17).

Très-belles épreuves. (Collection H. de Lasalle.)

445 — Intérieur de cuisine (R. 14).

Superbe épreuve à l'eau-forte pure.

446 — Les Quatre pèlerins (R. 6 à 9.)

Très-belles épreuves d'eau-forte pure.

447 — Le Buveur joyeux.

Très-belle épreuve à l'eau-forte pure.

448 — Le Joueur de cornemuse et le Paysan appuyé sur un bâton.

Deux pièces. Très-belles épreuves.

449 — Portrait de vieillard à grande barbe (R. 10).
Très-belle épreuve.

TIÉPOLO (Jean-Dominique).

450 — Différentes études sur la même feuille, etc.
Trois pièces.

TRIVA (Antoine de).

451 — Suzanne surprise au bain (B. 1).
Belle épreuve.

UDEN (Lucas Van).

452 — Paysage avec vue d'un canal (B. 25).
Très-belle épreuve. (Collection d'Arozarena).

453 — Un Canal qui s'étend sur plus de la moitié de l'estampe (B. 26).
Belle épreuve.

ULIET (Jean-Georges van).

454 — Loth et ses filles, d'après Rembrandt (B. 1). Cl. 1.
Superbe épreuve.

455 — Buste d'un oriental, d'après Rembrandt (B. 20). Cl. 20.
Superbe épreuve du premier état.

VELDE (Adrien van).

456 — Les deux Vaches et le Mouton (B. 4).
Très-belle épreuve.

457 — Le Veau (B. 8).

Très-belle épreuve.

458 — Les Chiens (B. 9).

Superbe épreuve tirée sur papier à la folie.

459 — La même estampe.

Belle épreuve.

460 — La Brebis (B. 14).

Très-belle épreuve.

461 — Les deux Moutons (B. 15).

Très-belle épreuve.

462 — Le Berger et la bergère avec leur troupeau (B. 17).

Première et très-rare épreuve avec la place blanche à la droite de l'estampe près du bord de la planche. Etat non décrit par Bartsch.

VELDE (W.).

463 — Vues de Grote kerck tot et de Het Stat-Huys à Harlem.

Deux pièces imprimées au recto et au verso de la même feuille; plus la lubricité de la vie humaine, d'après P. Breughel.

VERBOOM (A.-H.).

464 — Le Hameau et la pièce d'eau (B. 1 et 2).

Deux pièces. Très-belles épreuves, dont une provenant de la collection W. Esdaile.

VLIEGER (Simon de).

465 — Le Transport du bled (B. 5).

Belle épreuve.

466 — Le Bois près du canal (B. 6).

Belle épreuve.

467 — Le Chien enchaîné (B. 20).

VISCHER (CORNEILLE).

468 — Chat accroupi sur une serviette. Pièce dite le *Petit chat.*

Superbe épreuve d'une estampe de la plus grande rareté, provenant des collections Revil, Standish et Thorel.

WATERLOO (ANTOINE).

469 — L'Anier (B. 48). Le Dormeur au bord du chemin (B. 49), et la Chapelle avec l'escalier (B. 51).

Trois pièces. Belles et anciennes épreuves.

470 — Le Moulin (B. 119) et le Moulin dans le creux (B. 112).

Deux pièces.

471 — Le départ d'Agar (B. 131).

Ancienne et belle épreuve.

WATTEAU (ANTOINE).

472 — Figures de modes (R. D. 3, 5 et 6).

Les deux premiers numéros sont du deuxième état. Trois charmantes eau-fortes du maître.

WATTEAU ou PATER (ATTRIBUÉ A).

473 — Les Pèlerins. Paysage avec figures.

Très-jolies pièces gravées à l'eau-forte.

WENCESLAS (D'OLMUTZ).

474 — Le Martyre de Saint-André (B. 23).
Pièce rare.

WILLMANN (MICHEL-LÉOPOLD).

475 — Le Portrait du maître.
Superbe épreuve.

WYCK (THOMAS).

476 — La Couseuse (B. 3). Le petit Paysage aux deux chè-
vres, par K. Du Jardin (B. 47), et un Paysage par
Dietrich.
Trois pièces.

477 — La Colonnade (B. 8).
Belle épreuve.

478 — Le Coffre ouvert.
Superbe épreuve d'une pièce non décrite par Barsch. (Collection Verstolck de Soelen.

ZAGEL (MARTIN).

479 — La Décollation de Sainte Catherine (B. 8).

480 — Les deux Amants (B. 16).
Belle épreuve.

481 — Lueur et Obscurité (B. 21).

ZEEMANN (Reinier).

482 — Le Feu (B. 22), et Vue du port Saint-Bernard à Paris (B. 62).

Deux pièces. Très-belles épreuves.

482 bis. — Catalogue raisonné de toutes les estampes qui forment l'œuvre de Rembrand et ceux de ses principaux élèves, par *A. Bartrch*. Vienne, chez A. S. Blumauer, 1777. Deux part. en 1 vol. in-4°, imprimé sur grand papier, tr dor.

482 ter. — Sous ce numéro il sera vendu un lot de lithographies d'après un tableau de Monsieur Van Os et par différents artistes, un bon lot de catalogues de ventes d'estampes et objets d'art, et tous les articles omis.

ESTAMPES

PAR DES MAITRES MODERNES.

BOISSIEUX (Jean-Jacques de).

483 — Vieillard à front chauve et Vieille dite la Boudeuse
(R. 103 et 106).

Deux pièces. Belles épreuves.

484 — Quatre études de demi-figures sur la même feuille
(Rigal 107).

Superbe épreuve.

485 — Chatte assise : devant elle, un petit chat couché
(R. 113) et Paysage d'après Berghem.

Deux pièces. Belles épreuves.

BONINGTON (Richard-Parker).

486 — Vue de Bologne. Pièce signée *R.-P.-B.*

Très-belle épreuve.

BRASCASSAT (R.).

487 — Études d'animaux gravées sur différents sens de la
planche.

488 — Le Mouton accroupi et le Troupeau au repos.

Deux pièces.

DAUBIGNY.

489 — Paysage où l'on voit à droite un mulet qui s'abreuve.
Charmante eau-forte dans le genre du lavis, tirée sur papier de Chine.

DECAMPS (Alexandre-Gabriel).

490 — Le Porcher assis sur un bloc de pierre, vu par le dos.
Pièce gravée à l'eau-forte, signée *D.-C.*

491 — Bord de rivière turc, sur le premier plan, on voit trois enfants qui traînent un quatrième.
Lithographie signée sur le terrain à droite : *Decamps.*

492 — Maisons turques au bord de l'eau.
Lithographie portant les initiales *D.-C.*

493 — Écurie turque où sont plusieurs ânes.
Très-belle épreuve avec le nom de Decamps gravé à la pointe sèche.

DENON (D.-V.).

494 — Marine. 1re épreuve avant l'encadrement, Paysage par Constantin d'Aix et Tête de vieillard par Mayel.
Trois pièces. Superbes épreuves.

DIETRICH (Ch.-Gu.-E.).

495 — Le Dessin et différentes études de têtes et animaux.
Sept pièces.

DUPRÉ (Jules).

496 — Berger assis gardant son troupeau sur le bord d'une rivière.
Très-belle épreuve.

ENFANTIN (Augustin).

497 — Paysages où l'on voit une femme puisant de l'eau à
une fontaine et des animaux dans un champ.

Deux pièces gravées à l'eau-forte.

FOCK, REËLAM et FONTAINE.

498 — Paysages. Trois pièces.

Superbes épreuves.

FOULQUIER (J.-F.).

499 — Paysages. Deux pièces.

Belles épreuves.

FREY (J. de).

500 — Portrait de Corneille Van Dalen, célèbre graveur.
Très-belle épreuve avant toute lettre.

501 — Portrait de Pie VII, souverain pontife, d'après David.
Superbe épreuve.

502 — Portrait de la mère de Rembrandt.

JACQUES (Charles).

503 — Les Cochons dans un champ, au fond on voit une
chaumière.

Épreuve tirée sur papier de Chine. Pièce signée : *Ch.-Jacques, 1845 janvier, Delâtre Fr., imp.*

504 — Cour de ferme. Au milieu on voit une femme qui tire de l'eau d'un puits auprès duquel un cheval s'abreuve. Même sujet traité différemment.

Deux très-jolies eaux-fortes tirées sur papier de Chine.

505 — Deux hommes traînant une petite voiture dans laquelle est un troisième individu.

Belle eau-forte signée : *Ch.-Jacques, 1845 février.*

506 — Pâtre à cheval chassant un troupeau, et Bord de rivière.

Deux charmantes pièces.

507 — La Baigneuse qui se repose à l'entrée d'un bois. Pièce cintrée par le haut.

Charmante eau-forte tirée sur papier de Chine, signée : *Ch.-Jacques, inv. sc.*, 1845.

JANSON (Pierre).

508 — Différentes vaches.

Quatre pièces gravées à l'eau-forte.

JANSON (Jean), frère du précédent.

509 — Intérieur flamand où l'on voit des buveurs.

Belle épreuve d'une jolie pièce.

KOBELL (J.).

510 — Animaux, sujets d'enfants; plus un Paysage par J.-P. Hackert.

Sept pièces. Belles épreuves.

KRAUSZ (S.-A).

511 — Saint Nicolas Avond.

Superbe épreuve.

LAROCHE (Louis).

512 —. Les Pifferari et Paysage.

Deux charmantes pièces.

MEISSONNIER.

513 — Le Fumeur appuyé sur une table où il y a un pot de bière.

Superbe épreuve imprimée sur papier de Chine.

514 — Marche de lansquenets.

Eau-forte inédite. Très-rare.

MEISSONNIER (D'APRÈS).

515 — Le même sujet gravé sur bois, par H. Lavoignat.

516 — Le Bravo. Pièce gravée sur bois, par H. Lavoignat.

MERYON (C.)

517 — Le Palais de Justice, la Pompe Notre-Dame et une autre Vue de Paris.

Trois pièces tirées sur papier de Chine.

PLONSKI.

518 — Portrait de femme âgée, d'après Rembrandt.

Très-beau portrait renfermé dans un ovale.

519 — Différents animaux.

Quatre pièces. Belles épreuves.

TROOSTWYCK

520 — Vaches et Chèvres.

Trois pièces. Belles épreuves.

WAN OS (P. G.).

521 — La Bergère, d'après Berghem.

Très-rare épreuve du premier état, avant toutes lettres.

522 — Les Moutons et les Béliers.

Deux pièces gravées à l'eau-forte.

DESSINS

BAKHUIZEN (Ludolphe).

1 — Le Naufrage : sur la gauche un vaisseau naufragé.

A la sépia.

2 — Marine par un temps calme.

A la plume, lavé de sépia, portant les initiales du maître.

BANDINELLI (Baccio).

3 — Etude de femmes drapées.

A la plume. (Collection Révil.)

BARBIERI (Francesco), dit le Guerchin.

4 — Etude de vieillard, tête d'homme et étude de paysage.

Trois dessins à la plume.

BAROCHE (Frédéric).

5 — Trois femmes assises, dont une se tient la tête entre les mains.

Au crayon noir. (Collections Crozat et Mariette.)

BARTHOLOMÉO (Fra).

6 — Deux femmes drapées, à genoux.

A la plume, lavé de bistre. (Collection Decaisne.)

BOISSIEU (Jean-Jacques de).

7 — Croquis d'hommes couverts de manteaux.

A la sépia. (Collection Dimsdale.)

8 — Forêt sur le bord d'une rivière.

A la sépia. (Collection Dimsdale.)

BOUCHER (François).

9 — Jeune fille assise tenant un chou, et étude de mains.

Deux dessins au crayon rouge.

10 — Compositions d'enfants pour un éventail.

Deux dessins aux crayons noir et rouge.

11 — Saint Augustin entouré d'anges.

Au crayon rouge.

BUONAROTTI (Michel-Ange).

12 — Études de femmes et d'enfants.

A la plume.

CABEL (Van der).

13 — Ruines romaines.

Dessin à la sépia portant les initiales du maître, 1655.

CARRACHE (Annibal).

14 — La Vierge et l'Enfant Jésus.

A la sépia. Plus une figure de saint au crayon noir.

15 — Enfant nu portant une coupe sur ses épaules.

A la plume, lavé de bistre.

16 — Études de têtes, marines et paysages sur la même feuille.

A la plume. (Collection Mariette.)

CHARDIN (Jean-Baptiste-Siméon).

17 — Jeune femme accroupie.

A la sanguine.

18 — Étude d'une tête de cheval avec un collier.

Au crayon rouge, rehaussé de noir.

CHENAVARD.

19 — Portraits en pied de Saint-Just, Robespierre et du peintre David.

A la mine de plomb.

CORRÈGE (Antoine Allegri, dit le).

20 — L'Amour.

A la sanguine.

21 — Etude d'amour.

A la sanguine.

CUYP (Albert).

22 — Tête de bœuf.

A la sépia.

DAVID (Louis).

23 — Groupe de trois femmes dans l'attitude de suppliantes.

A la sépia.

DIETRICY (Ch. Gui E.).

24 — Intérieur de forêt.

A la plume, lavé de sépia, portant la signature du maître, 1742. Beau dessin.

DOMER, contemporain de Rembrandt.

25 — Intérieurs de grottes animés de personnages.

Deux grands dessins en largeur. A la sépia.

DU JARDIN (Karel).

26 — Paysage avec rochers : sur le devant un homme avec son chien et un âne traversant à gué.

A la plume, lavé de sépia, portant la signature K. Dujardin, 1658.

DURER (Albert).

27 — Trois croquis.

A la plume, sur la même feuille.

DYCK (Antoine Van).

28 — Le Christ portant sa croix : composition de plusieurs figures.

Au bistre. Dessin capital.

29 — Tête de vieillard.

A la plume.

ÉCOLE FRANÇAISE.

30 — Costume d'homme du temps de Louis XV.

Au crayon noir.

ELSHEIMER (Adam).

31 — Moïse sauvé des eaux.

A la plume, lavé de bistre. (Collection R. West et Nilbarks.)

ESSLENS.

32 — Paysage animé de personnages : une rivière au milieu.

A la plume, lavé de bistre.

EVERDINGEN (Aldert Van).

33 — Intérieur de village.

A la sépia, portant les initiales du maître.

34 — Chemin montueux avec un rocher sur le devant.

A la sépia. (Collection Denon.)

GÉRICAULT (J.-H.-Théodore-André).

35 — Études de chevaux.

Trois croquis à la mine de plomb.

GIRODET (Anne-Louis).

36 — Compositions pour ses tableaux.

Deux dessins à la plume, lavés de sépia.

GOLTZIUS (Henri).

37 — Portrait de Catherine Decker.

Joli dessin à la mine de plomb sur peau d'âne, portant le monogramme du maître.

38 — Portrait de femme.

Joli dessin à la mine de plomb sur peau d'âne, signé : *Henricus Goltzius fecit, A° 1580.*

GOYEN (Jean Van).

39 — Marine par un temps calme.

Au crayon noir, portant les initiales du maître, 1644.

40 — Village au bord d'un canal animé de personnages, et paysan à cheval passant un pont.

Deux dessins au crayon noir, portant les initiales du maître. 1647 et 1653.

HOLBEIN (H.).

41 — Costumes de femmes.

A la plume.

HOOGSTRATEN (Samuel Van).

42 — Jeune homme coiffé d'un chapeau, dessinant.

Au bistre. (Collection Ploos van Amstel.)

HUET (J.-B.).

43 — Deux jeunes filles assises.

A la sanguine.

HUYSUM (Van).

44 — Fleurs et fruits.

Étude au crayon noir.

45 — Paysage historique : sur le devant à gauche une rivière, et à droite des monuments.

A la sépia.

46 — Trois paysages, au crayon rouge, à la pierre d'Italie
et à la mine de plomb.

ISABEY (E.-L.)

47 — Vue d'une église de France, animée de plusieurs figures.

A la sépia. Signé Isabey, 1823.

JOYANT (J.).

48 — Vues prises à Rotterdam et La Haye.

Trois jolis dessins à la mine de plomb et au crayon rouge.

49 — Vues prises à Venise et en Italie.

Quatorze croquis à la mine de plomb.

KONING (Philippe de), élève de Rembrandt.

50 — Vue de la ville de Goy-Landt.

Au bistre.

LE BARBIER.

51 — La Nuit de Noël, 1787.

Dessin de forme ovale à la plume et au bistre.

LIONI (Ottavio), dit le Padouan.

52 — Portrait de femme.

Charmant dessin au crayon noir.

LUYKEN (Jean).

53 — Martyrs de divers saints.

Quatre croquis à la plume, lavés de sépia.

MEISSONNIER.

54 — Vieillard en costume bourgeois, vu de dos, appuyé sur une canne.

Très-joli dessin à la mine de plomb.

55 — Étude d'homme nu.

Au crayon noir, rehaussé de sanguine.

METZU (G.).

56 — Femme assise sur une chaise.

A la pierre d'Italie.

MOLYN (Pierre de).

57 — Ruines sur les bors de la mer.

Au crayon noir, portant la signature du maître, 1553.

NICOLE.

58 — Vues de Venise : l'une de la place Saint-Marc et l'autre du grand canal.

A la sépia.

59 — Vues de Rome et de Venise.

Quatre dessins de forme ronde. A la sépia.

OMMEGANCK.

60 — Études de vaches.

A la mine de plomb.

OSTADE (Adrien Van).

61 — Le Batteur de grange.

A la plume, lavé de sépia.

PARMESAN (Francesco Mazzuoli), dit le.

62 — Sainte-Famille entourée d'anges.

A la sanguine. (Collection Denon.)

63 — Études de femme et enfant.

A la plume, lavé de sapia. (Collection Denon.)

PATER.

12.50 **64** — Etudes d'hommes assis et couchés, dont un pince de
la guitare.

A la sanguine.

PERUZZI (B.).

65 — La Sortie de l'Arche de Noé.
A la plume, lavé de sépia.

PIOMBO (Sébastien del).

66 — La Vierge avec l'Enfant Jésus et saint Jean.
Au bistre.

POLENBOURG, VANDEN HECKE, BROND-GEEST.

67 — Quatre dessins à l'aquarelle et à la sépia.

POUSSIN (Nicolas).

68 — La Femme adultère. Dessin capital.
A la sépia. (Collection Ary Scheffer.)

PRIMATICE (François).

69 — Sujet allégorique représentant des femmes nues assises.
Beau dessin à la sanguine, rehaussé de blanc.

PRUDHON (D'APRÈS ANDRÉ DEL SARTE).

70 — Tête d'enfant.

A la sanguine.

RAVENSWAAŸ (VAN).

71 — Bœufs et vaches.

Quatre dessins au crayon rouge et à la mine de plomb.

REMBRANDT (VAN RHYN PAUL).

72 — La Faiseuse de kouks.

Étude à la plume.

73 — La Pêche miraculeuse.

Au bistre. (Collection W.-Y. Ossley.)

74 — Femme étendue à terre.

Croquis à la plume.

75 — Paysage avec chaumière sur le devant.

Croquis à la plume.

RENI (GUIDO).

76 — Le Christ et la Madelaine.

A la plume, sur papier bleu.

RESTA (SÉBASTIEN).

77 — Portrait du Corrège.

A la sanguine.

ROOS (Th.).

78 — Taureau attaqué par des chiens.

Grand dessin en largeur, à la sépia.

RUYSDAEL (J.).

79 — Moulin à eau.

A la sépia.

80 — Intérieur de forêt.

Beau dessin à la sépia. (Collections Crozat et Mariette.)

SAFT-LEVEN (H.).

81 — Intérieur de village.

A la plume, lavé de sépia.

SAFT-LEVEN (C.).

82 — Chat accroupi.

Au crayon noir.

SALVIATI.

83 — Tête de jeune homme.

A la sanguine.

84 — Guerrier couronné par une renommée.

A la plume, lavé de bistre.

85 — Un Évêque assis dans un intérieur d'appartement.

A la plume, lavé de bistre et rehaussé de blanc.

SNYDERS (F.).

86 — Têtes de sanglier, d'aigle, porc-épic et cerf mort.

Quatre croquis.

STEEN (Jean).

87 — Les Joueurs de violon.

A la plume, lavé de sépia.

TENIERS (David).

88 — Le Diseur de bonne aventure.

A la mine de plomb.

TOUZÉ.

89 — Vieille femme en costume Louis XV, assise sur un banc.

Au crayon noir.

ULFT (Vander).

90 — Entrée d'une ville sur le bord de la mer, animée par un grand nombre de figures.

A la plume, lavé de sépia, portant la signature du maître.

91 — Vue d'un temple sur le bord de la mer.

A la plume, lavé de sépia, portant la signature du maître. Ce dessin, ainsi que le précédent, proviennent de la collection Verstolk de Soelen, et font pendant.

VELDE (Adrien Van de).

92 — Intérieur de forêt animé par un troupeau au pâturage.

A la plume, lavé de sépia.

93 — Vue d'une ville sur le bord de la mer.

A la sépia.

94 — Charriot attelé de deux chevaux.

A la sépia.

95 — Charriot attelé d'un cheval.

Étude au crayon rouge.

VELASQUEZ.

96 — Intérieur d'une ville d'Espagne.

A la plume.

VERNET (J.).

97 — Le Retour de la pêche.

A la plume. Connu par l'eau-forte qui y est jointe.

VLEIGER (Simon de).

98 — Études de chiens accroupis.

Au crayon noir.

VIGNERON.

99 — Portrait de Girodet.

Au crayon noir rehaussé de blanc.

WITT (DE).

100 — La Forge et la Vendange.

Deux dessins à la plume, lavés de bistre.

WOUWERMANS (PHILIPPE).

101 — La Sortie de l'écurie : deux chevaux rétifs, l'un blanc, l'autre bai, sont domptés par deux palefreniers qui cherchent à les séparer en les tirant chacun de leur côté par leur licou; trois autres paysans, dont un cherche à museler le cheval bai, tandis qu'un autre, à cheval, lui frappe sur la croupe; à droite, une femme et son enfant cherchent à se garantir, et, sur le devant, un jeune paysan, qui vient d'être renversé, cherchant à se relever.

Dessin très-capital au crayon, vigoureusement touché de bistre. Il est accompagné de la gravure qui en a été faite par Prestel en 1779. (Collection Tonneman, Schmidt et Revil.

WYCK (THOMAS).

102 — Les Bohémiens.

A la plume, lavé de sépia. (Collection de Vos.)

TABLEAUX

SALOMON RUYSDAEL

1 — Rivière de Hollande.

R. B. (Signé)

2 — Vue d'une Plage.

A. S. (Signé 1677)

3 — Rivière avec barque.

SIGNÉ D'UN MONOGRAMME

4 — Dames et Cavaliers en promenade sur une plage.

ALBERT CUYP (Signé)

5 — Vue des environs de Haarlem.

ZORG

6 — Un Fumeur.

BEERESTRAALEN

7 — Vue de Hollande. Effet d'hiver.

BOURGUIGNON

8 — Chevaux et Cavaliers.

VAN DAEL

9 — Fleurs dans un verre.

B. G. 1657

10 — Famille à l'entrée d'un parc.

VAN DER GRAEF (Signé)

11 — Portrait d'homme.

DELFIUS 1640 (Signé)

12 — Portrait d'homme avec une collerette.

LAQUY 1778

13 — La Récureuse.

BAKHUIZEN (École de)

14 — Entrée du port d'Amsterdam.

DU MÊME

15 — Marine. Environs d'Amsterdam.

NOEL

16 — Vue d'une ville des Flandres.

RAOUX

17 — La Prêtesse de Vesta. Composition gravée.

ÉCOLE FRANÇAISE

18 — Portrait de femme.

ROCQUEMONT

19 — Bords de la mer.

OBJETS D'ART

20 — Six cruchons et pots en grès de Flandre.

21 — Deux vases étrusques.

22 — Deux plats et écuelle en faïence italienne.

23 — Cinq bas-reliefs et buste en terre cuite.

24 — Un flacon en verre de Bohême.

25 — Deux vases en marbre vert de mer, montés en bronze.

26 — Un buste en ivoire avec socle en marbre.

27 — Deux brûle-parfums en bronze chinois.

28 — Quelques pièces en bronze, bas-reliefs, médaillons, statuettes, flambeaux.

29 — Un stèle funéraire en pierre calcaire.

30 — Un manche de couteau de chasse en ivoire sculpté.

31 — Un bas-relief en marbre.

32 — Trois plaques, deux émaillées et une niellée.

33 — Une boîte en écaille, ornée d'une peinture représentant des fruits.

34 — Une plaque en porcelaine, ornée d'une peinture représentant des fleurs.

35 — Plusieurs cadres dorés.

36 — Un lot d'anciens Catalogues de ventes de tableaux.

37 — Un carton d'études et croquis.

38 — Quelques esquisses : fleurs, fruits et paysages.

Renou et Maulde, imprimeurs de la Compagnie des Commissaires-Priseurs,
rue de Rivoli, 144.   7155